el colegio - paaralan	2
el viaje - paglalakbay	5
el transporte - transportasyon	8
la ciudad - lungsod	10
el paisaje - tanawin	14
el restaurante - restawran	17
el supermercado - supermarket	20
las bebidas - inumin	22
la comida - pagkain	23
la granja - bukid	27
la casa - bahay	31
el living - salas	33
la cocina - kusina	35
el baño - palikuran	38
el cuarto de los chicos - silid ng bata	42
la ropa - pananamit	44
la oficina - opisina	49
la economía - ekonomiya	51
las ocupaciones - mga trabaho	53
las herramientas - mga kagamitan	56
los instrumentos musicales - mga pangmusikang instrumento	57
el zoológico - zoo	59
los deportes - isports	62
las actividades - mga aktibidad	63
la familia - pamilya	67
el cuerpo - katawan	68
el hospital - ospital	72
la emergencia - emerhensiya	76
la Tierra - mundo	77
el reloj - orasan	79
la semana - linggo	80
el año - taon	81
las formas - mga hugis	83
colores - mga kulay	84
los opuestos - magkasalungat	85
los números - mga numero	88
los idiomas - mga wika	90
quién / qué / cómo - sino / ano / paano	91
dónde - saan	92

AF220386

Impressum
Verlag: BABADADA GmbH, Nedderfeld 112 , 22529 Hamburg
Geschäftsführer / Verlagsleitung: Harald Hof
Druck: Books on Demand GmbH, In de Tarpen 42, 22848 Norderstedt

Imprint
Publisher: BABADADA GmbH, Nedderfeld 112 , 22529 Hamburg, Germany
Managing Director / Publishing direction: Harald Hof
Print: Books on Demand GmbH, In de Tarpen 42, 22848 Norderstedt

el colegio
paaralan

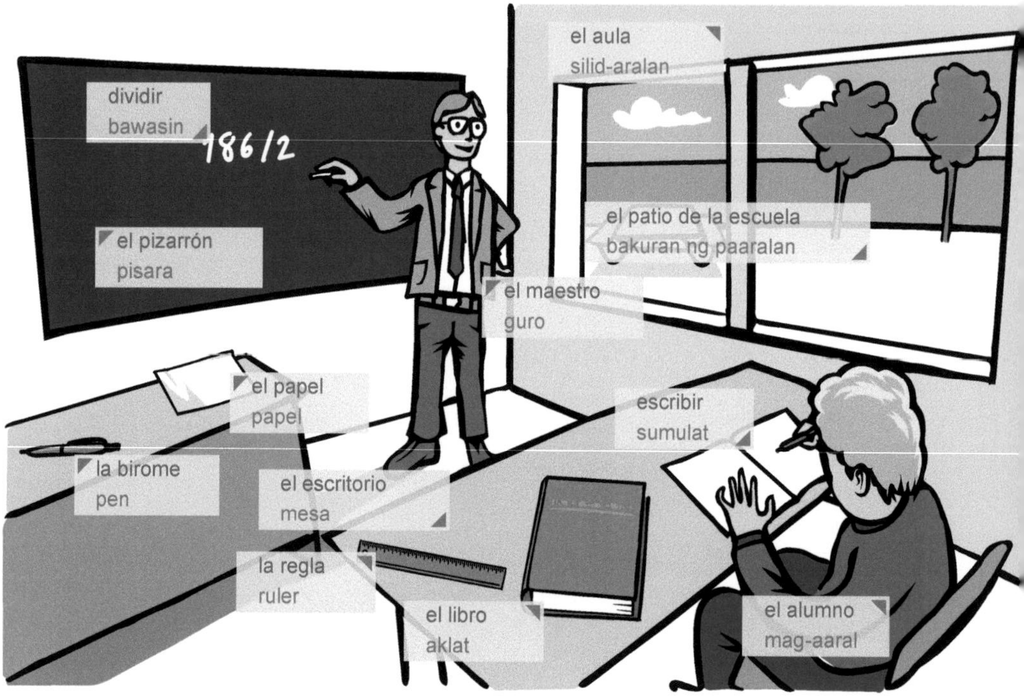
el aula
silid-aralan
dividir
bawasin
186/2
el pizarrón
pisara
el patio de la escuela
bakuran ng paaralan
el maestro
guro
el papel
papel
escribir
sumulat
la birome
pen
el escritorio
mesa
la regla
ruler
el libro
aklat
el alumno
mag-aaral

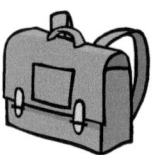

la mochila

satchel

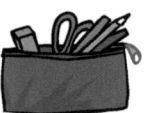

la caja de lápices

lalagyan ng lapis

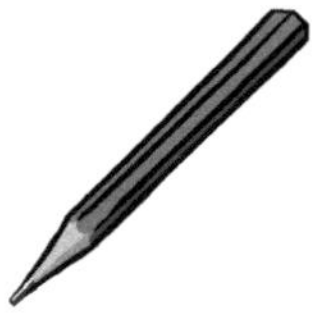

el lápiz

lapis

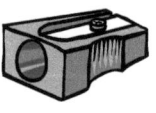

el sacapuntas

pantasa

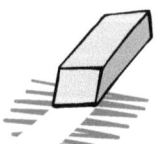

la goma (de borrar)

goma

el bloc de dibujo

drowing pad

el dibujo
drowing

el pincel
pinsel na pampinta

la caja de pinturas
kahon ng pinta

la tijera
gunting

el pegamento
pandikit

el cuaderno de ejercicios
aklat para sa pagsasanay

la tarea
takdang-aralin

12

el número
numero

2+2

sumar
dagdagan

5-2

restar
bawasin

2×2

multiplicar
paramihin

calcular
kalkulahin

A

la letra
liham

ABCDEFG
HIJKLMN
OPQRSTU
VWXYZ

el abecedario
alpabeto

la palabra
salita

el texto

teksto

leer

basahin

la tiza

yeso

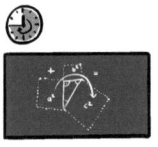

la lección

leksyon

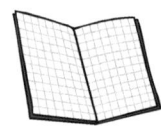

el cuaderno de clase

rehistro

el examen

eksaminasyon

el certificado

sertipiko

el uniforme escolar

uniporme sa paaralan

la educación

edukasyon

la enciclopedia

encyclopedia

la universidad

unibersidad

el microscopio

mikroskopyo

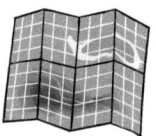

el mapa

mapa

el tacho (de basura)

basurahan ng papel

el viaje
paglalakbay

el hotel
hotel
Grand
el hostel
hostel
ROOMS
la casa de cambio
tanggapan ng palitan ng pera
EXCHANGE
la valija
maleta
el auto
kotse

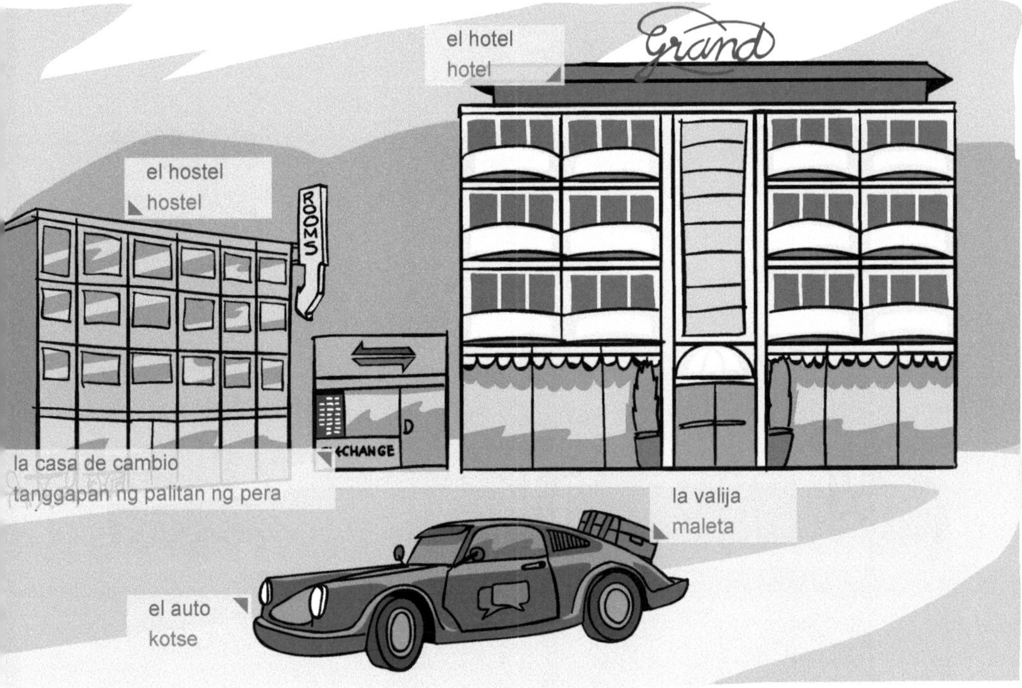

el idioma

wika

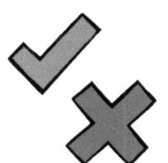

sí / no

oo / hindi

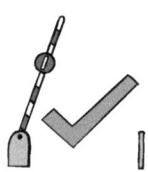

Está bien

Okey

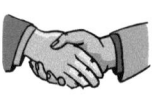

hola

kumusta

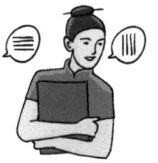

el traductor

tagapagsalin

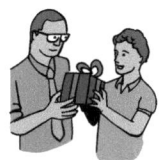

Gracias

Salamat

¿cuánto cuesta…?

magkano ang…?

No entiendo

Hindi ko maintindihan

el problema

problema

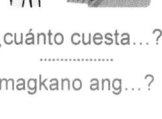

¡Buenas tardes!

Magandang gabi!

¡Buenos días!

Magandang umaga!

¡Buenas noches!

Magandang gabi!

el adiós

paalam

la dirección

direksyon

el equipaje

bahage

el bolso

bag

la mochila

napsak

el invitado

panauhin

la habitación

silid

la bolsa de dormir

sakong tulugan

la carpa

tolda

la información turística

impormasyon ng turista

la playa

dalampasigan

la tarjeta de crédito

credit card

el desayuno

almusal

el almuerzo

tanghalian

la cena

hapunan

el pasaje

tiket

el ascensor

elebeytor

el sello

selyo

la frontera

hangganan

la aduana

adwana

la embajada

embahada

la visa

visa

el pasaporte

pasaporte

el transporte
transportasyon

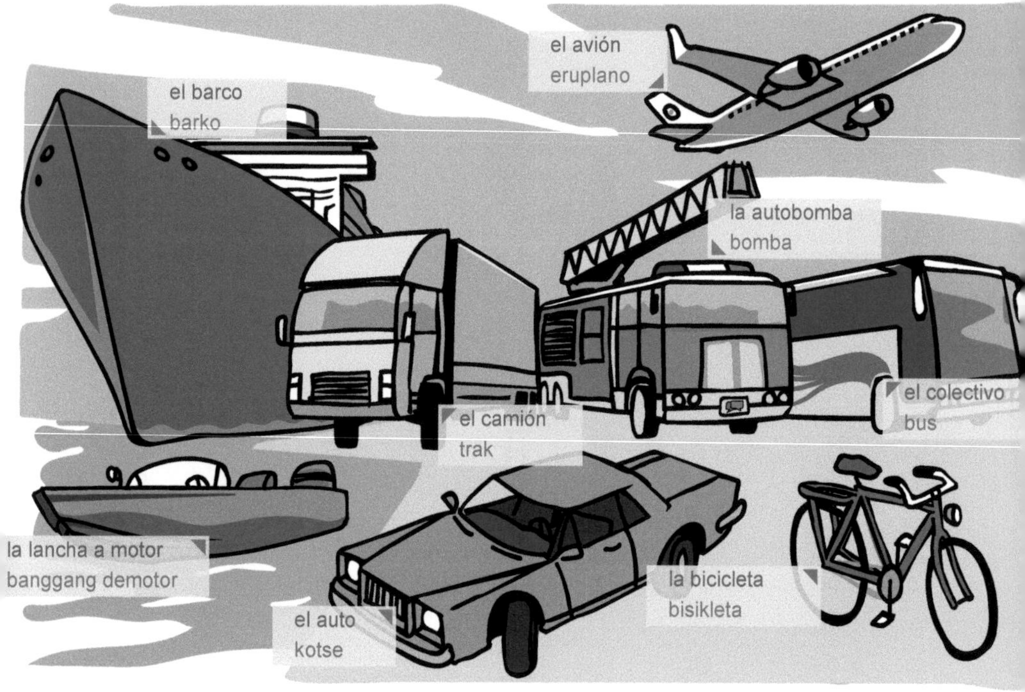

el avión
eruplano

el barco
barko

la autobomba
bomba

el colectivo
bus

el camión
trak

la lancha a motor
banggang demotor

la bicicleta
bisikleta

el auto
kotse

el ferry

el bote

la moto

lantsang pantawid

bangka

motorsiklo

el patrullero

sasakyan ng pulis

el auto de carreras

kotseng pangkarera

el auto de alquiler

nirerentahang kotse

8

el transporte - transportasyon

el alquiler de autos

car sharing

la grúa

trak na panghila

el camión de la basura

trak na pantapon ng basura

el motor

motor

la nafta

panggatong

la estación de servicio

gasolinahan

la señal de tránsito

karatula ng trapiko

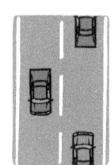

el tránsito

trapiko

el embotellamiento

masikip na trapiko

el estacionamiento

paradahan ng kotse

la estación de tren

estasyon ng tren

las vías

riles

el tren

tren

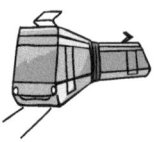

el tranvía

trambya

el vagón

wagon

el helicóptero

helikopter

el aeropuerto

paliparan

la torre

tore

el pasajero

pasahero

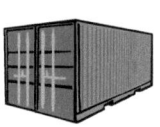

el contenedor

sisidlan

la caja de cartón

karton

la carretilla

kariton

la canasta

basket

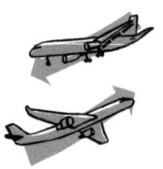

despegar / aterrizar

umalis / lumapag

la ciudad

lungsod

el pueblo

nayon

el centro de la ciudad

sentro ng lungsod

la casa

bahay

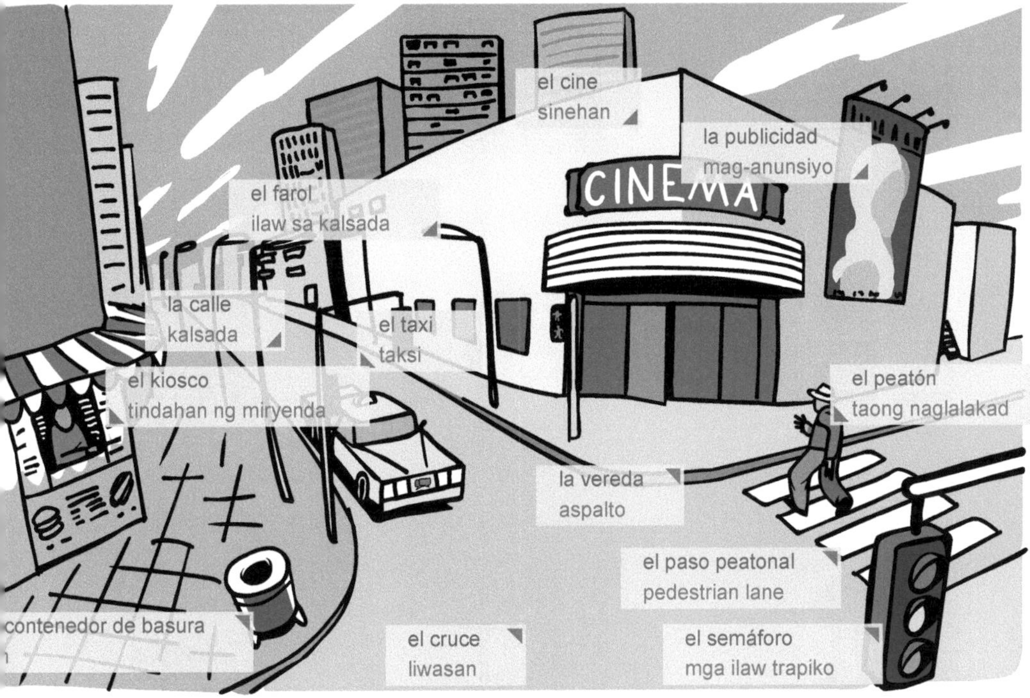

el cine
sinehan

la publicidad
mag-anunsiyo

el farol
ilaw sa kalsada

CINEMA

la calle
kalsada

el taxi
taksi

el kiosco
tindahan ng miryenda

el peatón
taong naglalakad

la vereda
aspalto

el paso peatonal
pedestrian lane

contenedor de basura

el cruce
liwasan

el semáforo
mga ilaw trapiko

la cabaña
....
kubo

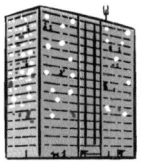

el departamento
....
patag

la estación de tren
....
estasyon ng tren

la municipalidad
....
munisipyo

el museo
....
museo

el colegio
....
paaralan

la universidad

unibersidad

el banco

bangko

el hospital

ospital

el hotel

hotel

la farmacia

parmasya

la oficina

opisina

la librería

tindahan ng aklat

el negocio

tindahan

la florería

tindahan ng bulaklak

el supermercado

supermarket

el mercado

palengke

las grandes tiendas

department store

la pescadería

tindahan ng isda

el centro comercial

sentrong pamilihan

el puerto

daungan

el parque

parke

el banco

bangko

el puente

tulay

las escaleras

hagdan

el subte

underground

el túnel

tunel

la parada del colectivo

hintuan ng bus

el bar

bar

el restaurante

restawran

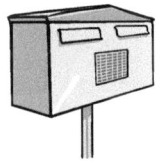

el buzón

kahon ng koreo

el letrero

karatula sa kalsada

el parquímetro

metro ng paradahan

el zoológico

zoo

la pileta

swimming pool

la mezquita

moske

la granja
bukid

la contaminación
polusyon

el cementerio
libingan

la iglesia
simbahan

los juegos infantiles
palaruan

el templo
templo

el paisaje
tanawin

la hoja
dahon

el poste indicador
posteng pananda

el camino
daan

la pradera
parang

la piedra
bato

el árbol
kahoy

el excursionista
hiker

el río
ilog

la hierba
damo

la flor
bulaklak

el valle

lambak

la montaña

burol

el lago

look

el bosque

kagubatan

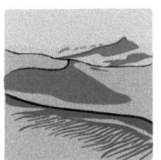

el desierto

disyerto

el volcán

bulkan

el castillo

kastilyo

el arco iris

bahaghari

el champiñón

kabute

la palmera

palmera

el mosquito

lamok

la mosca

langaw

la hormiga

langgam

la abeja

bubuyog

la araña

gagamba

el escarabajo

salagubang

la rana

palaka

la ardilla

ardilya

el erizo

parkupino

la liebre

liyebre

la lechuza

kuwago

el pájaro

ibon

el cisne

sisne

el jabalí

bulugan

el ciervo

usa

el alce

moose

la presa

dam

el aerogenerador

turbina ng hangin

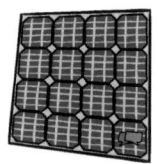

el panel solar

solar panel

el clima

klima

el restaurante
restawran

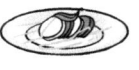

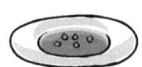

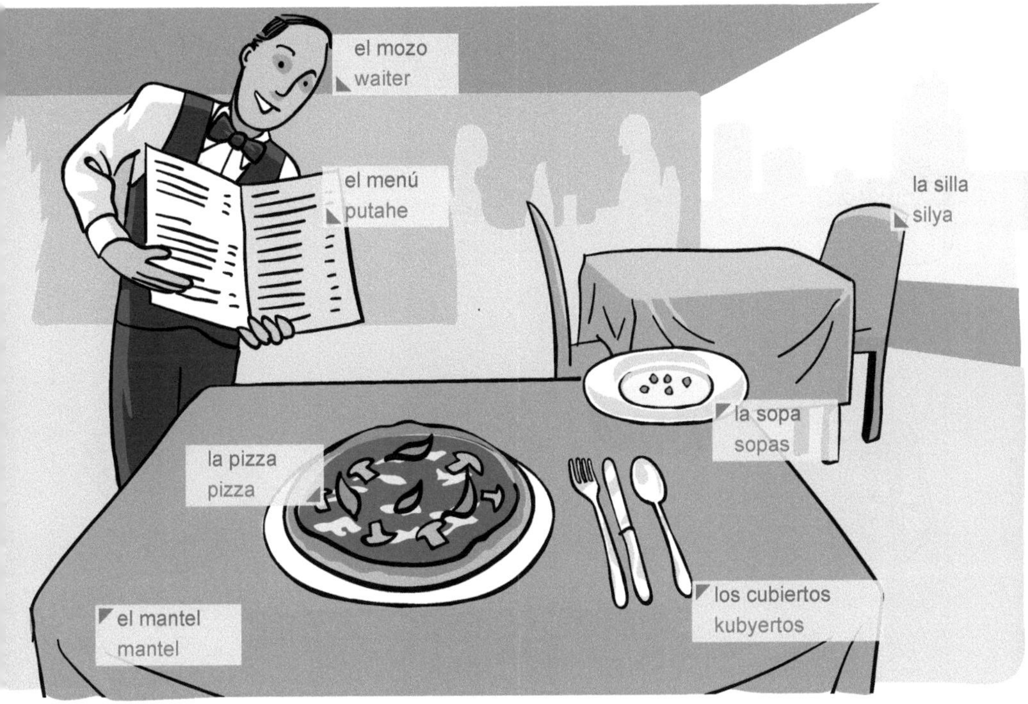
el mozo
waiter
el menú
putahe
la silla
silya
la sopa
sopas
la pizza
pizza
los cubiertos
kubyertos
el mantel
mantel

la entrada
panimula

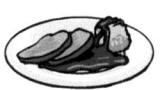

el plato principal
pangunahing pagkain

el postre
panghimagas

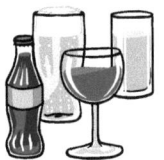

las bebidas
inumin

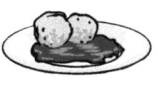

la comida
pagkain

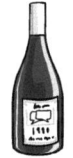

la botella
bote

la comida rápida
fastfood

la comida callejera
pagkaing kalye

la tetera
tsarera

la azucarera
panutsa

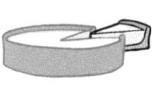

la porción
bahagi

la cafetera expreso
espresso machine

la sillita alta
mataas na upuan

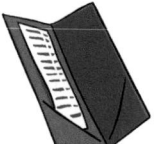

la cuenta
bayarin

la bandeja
bandehado

el cuchillo
kutsilyo

el tenedor
tinidor

la cuchara
kutsara

la cucharita
kutsarita

la servilleta
serviette

el vaso
baso

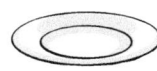

el plato

pinggan

el plato hondo

platong pansopas

el plato

platito

la salsa

sawsawan

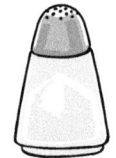

el salero

pangkalog ng asin

el molinillo de pimienta

panggiling ng paminta

el vinagre

suka

el aceite

langis

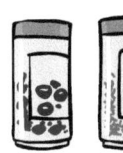

las especias

pampalasa

el kétchup

ketsup

la mostaza

mustasa

la mayonesa

mayonnaise

el supermercado
supermarket

la oferta especial
espesyal na alok
FOR
el cliente
kustomer
los lácteos
produktong mantikilya
la fruta
prutas
el changuito
troli

BUTCHERS

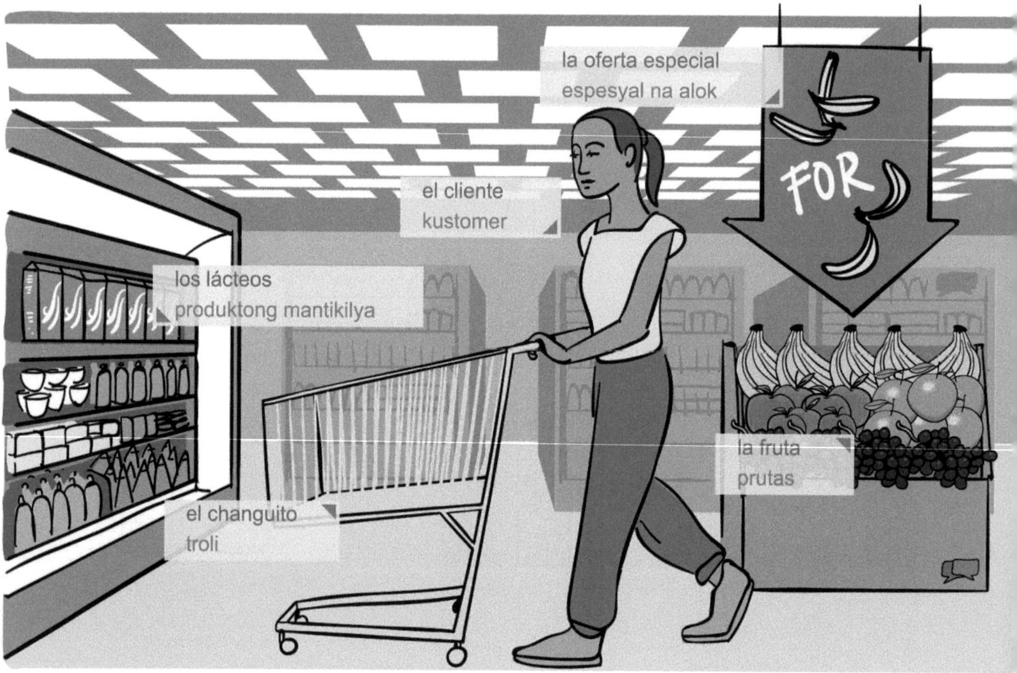

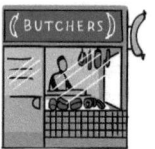

la carnicería

butser

BAKERY

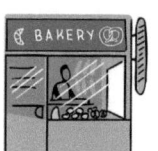

la panadería

panaderya

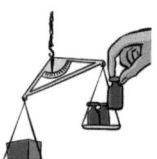

pesar

timbang

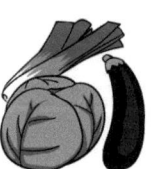

las verduras

mga gulay

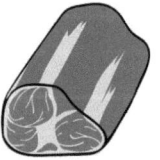

la carne

karne

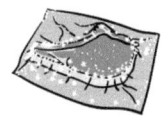

los alimentos congelados

pinalamig na pagkain

los fiambres

malamig na karne

los alimentos enlatados

delatang pagkain

el detergente en polvo

pulbos na panlaba

las golosinas

matatamis

los electrodomésticos

mga produktong pambahay

los productos de limpieza

mga produktong panlinis

la vendedora

tindera

la caja

cash register

el cajero

kahera

la lista de compras

listahan ng pinamili

el horario de atención

oras ng pagbubukas

la billetera

pitaka

la tarjeta de crédito

credit card

la cartera

bag

la bolsa de plástico

plastik bag

el agua

tubig

el jugo

juice

la leche

gatas

la bebida cola

coke

el vino

alak

la cerveza

serbesa

el alcohol

alak

el cacao

kakaw

el té

tsaa

el café

kape

el café expreso

espresso

el cappuccino

cappuccino

la banana

saging

la manzana

mansanas

la naranja

kahel

el melón

melon

el limón

limon

la zanahoria

carrot

el ajo

bawang

el bambú

kawayan

la cebolla

sibuyas

el champiñón

kabute

las nueces

mani

los fideos

noodles

los tallarines
spaghetti

el arroz
bigas

la ensalada
ensalada

las papas fritas
chips

las papas fritas
pritong patatas

la pizza
pizza

la hamburguesa
hamburger

el sándwich
sandwich

el churrasco
piraso ng karneng walang buto

el jamón
hamon

el salame
salami

la salchicha
tsoriso

el pollo
manok

el asado
inihaw

el pescado
isda

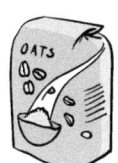

los copos de avena

mga porridge oat

el muesli

muesli

los copos de maíz

cornflakes

la harina

harina

la medialuna

croissant

el pancito

rolyong tinapay

el pan

tinapay

la tostada

tostado

las galletitas

biskuwit

la manteca

mantikilya

la cuajada

keso

la torta

keyk

el huevo

itlog

el huevo frito

pritong itlog

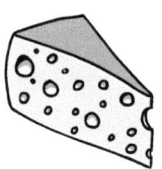

el queso

keso

el helado

sorbetes

el azúcar

asukal

la miel

pulot

la mermelada

jam

la pasta de chocolate

tsokolateng pinapahid

el curry

curry

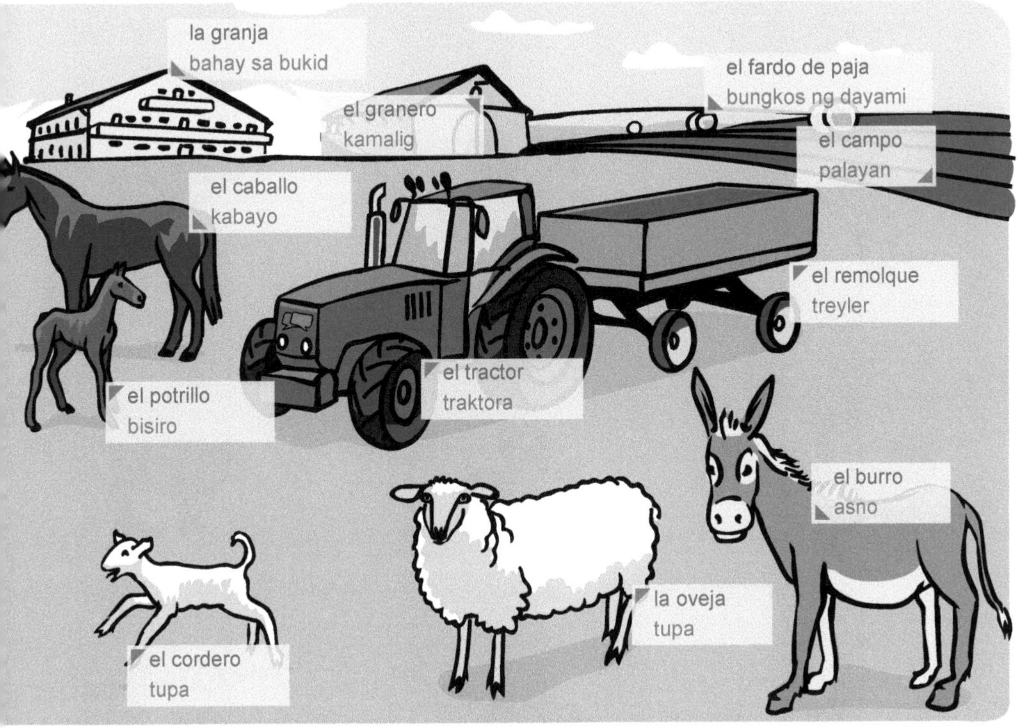

la granja
bahay sa bukid

el granero
kamalig

el fardo de paja
bungkos ng dayami

el campo
palayan

el caballo
kabayo

el remolque
treyler

el potrillo
bisiro

el tractor
traktora

el burro
asno

la oveja
tupa

el cordero
tupa

la cabra

kambing

la vaca

baka

el ternero

guya

el cerdo

baboy

el lechón

biik

el toro

toro

el ganso
gansa

el pato
pato

el pollo
sisiw

la gallina
inahin

el gallo
katyaw

la rata
daga

el gato
pusa

el ratón
daga

el buey
kapong baka

el perro
aso

la cucha
bahay ng aso

la manguera
hose sa hardin

la regadera
latang pandilig

la guadaña
haras

el arado
araro

la hoz

karit

la azada

asarol

la horquilla

tuhugin

el hacha

palakol

la carretilla

karitela

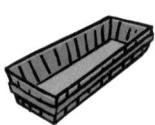

el abrevadero

sabsaban

la lechera

lata ng gatas

la bolsa

sako

la reja

bakod

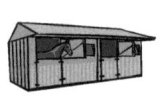

el establo

kuwadra

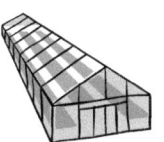

el invernadero

punlaan

el suelo

lupa

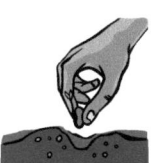

la semilla

buto

el fertilizador

pataba

la cosechadora

combine harvester

cosechar

mag-ani

la cosecha

ani

las batatas

yams

el trigo

trigo

la soja

soya

la papa

patatas

el maíz

mais

la semilla de colza

rapeseed

el árbol frutal

kahoy na namumunga

la mandioca

kamoteng kahoy

los cereales

siryal

la casa
bahay

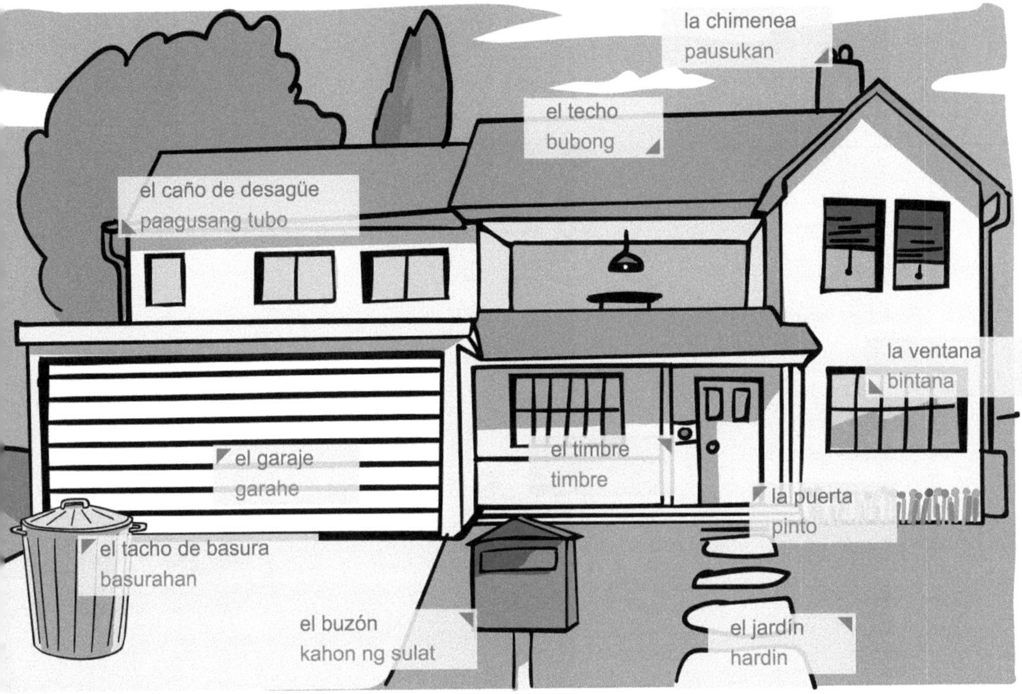
la chimenea
pausukan
el techo
bubong
el caño de desagüe
paagusang tubo
la ventana
bintana
el timbre
timbre
el garaje
garahe
la puerta
pinto
el tacho de basura
basurahan
el buzón
kahon ng sulat
el jardín
hardin

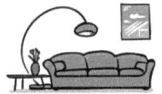

el living
....
salas

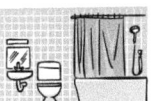

el baño
....
palikuran

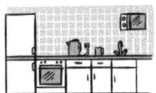

la cocina
....
kusina

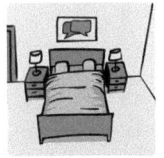

el dormitorio
....
silid-tulugan

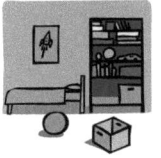

el cuarto de los chicos
....
silid ng bata

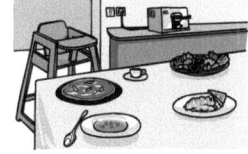

el comedor
....
hapag-kainan

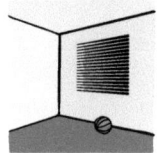

el piso

sahig

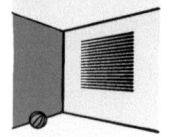

la pared

pader

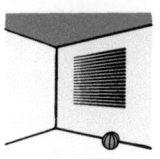

el cielorraso

kisame

el sótano

bodega ng alak

el sauna

sauna

el balcón

balkonahe

la terraza

terasa

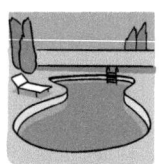

la pileta

pool

la cortadora de pasto

pamputol ng damo

la sábana

piraso ng papel

el acolchado

kobrekama

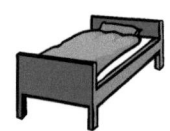

la cama

higaan

la escoba

walis

el balde

timba

el interruptor

pindutan

el living
salas

el empapelado
wallpaper
la imagen
litrato
la lámpara
ilaw
el estante
estante
el armario
kabinet
la televisión
telebisyon
la chimenea
pugon
la flor
bulaklak
el almohadón
unan
el sofá
sopa
el florero
plorera
el control remoto
remote control

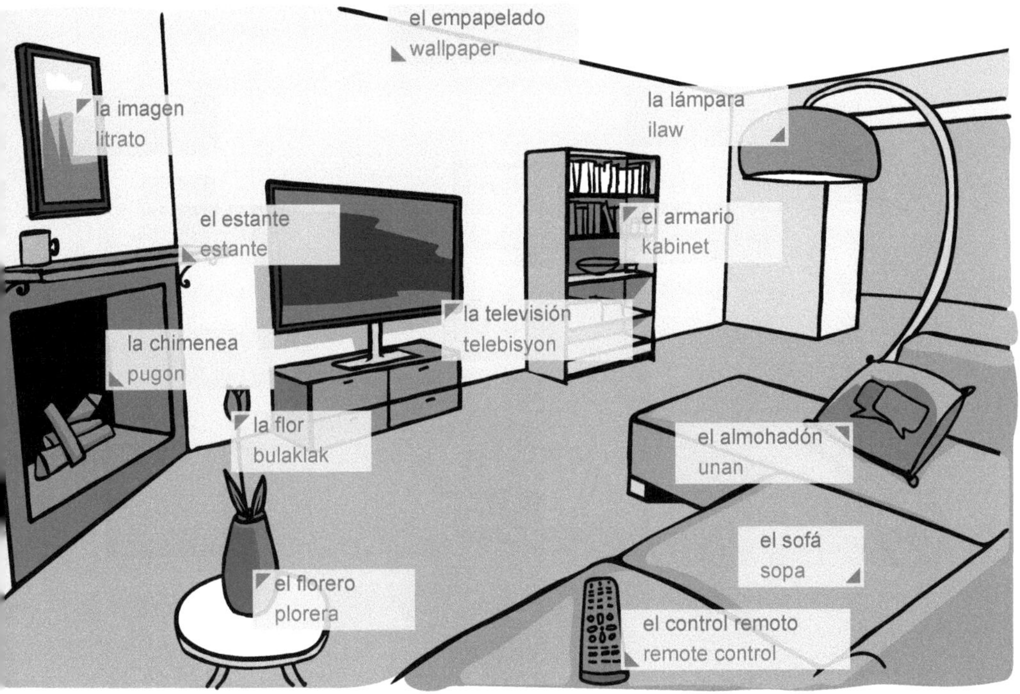

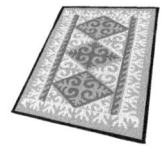

la alfombra

karpet

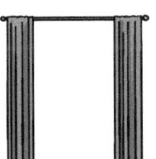

la cortina

kurtina

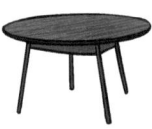

la mesa

mesa

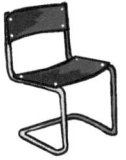

la silla

silya

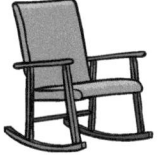

la mecedora

tumba-tumba

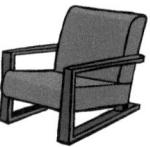

el sillón

sandalan

el libro

aklat

la frazada

kumot

la decoración

dekorasyon

la leña

kahoy na panggatong

la película

pelikula

el equipo de música

hi-fi

la llave

susi

el diario

dyaryo

la pintura

pinta

el póster

poster

la radio

radyo

el cuaderno

kuwaderno

la aspiradora

vacuum cleaner

el cactus

kaktus

la vela

kandila

la cocina
kusina

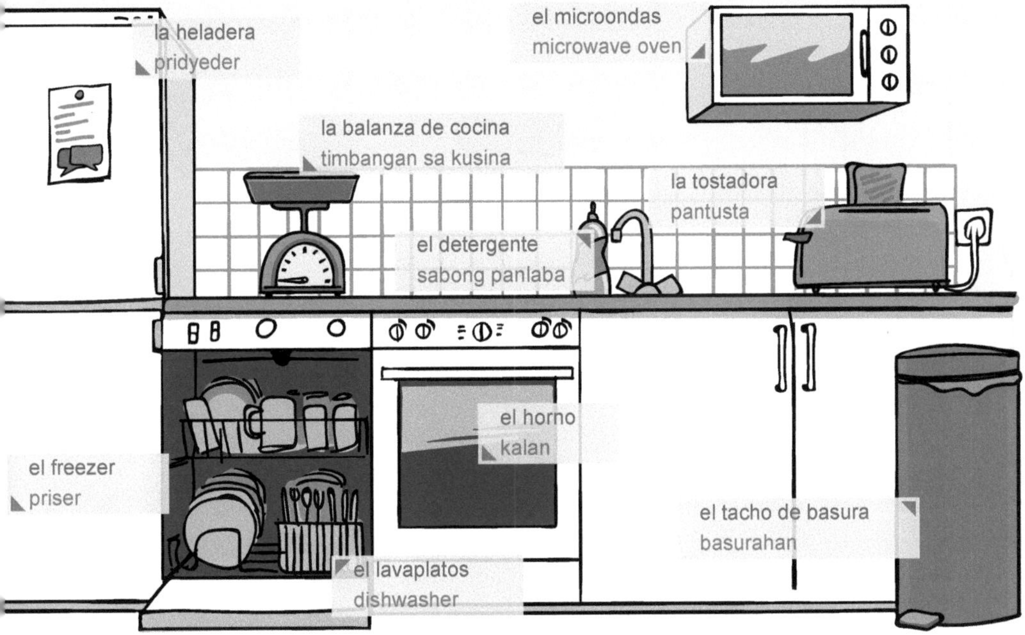
la heladera
pridyeder
el microondas
microwave oven
la balanza de cocina
timbangan sa kusina
la tostadora
pantusta
el detergente
sabong panlaba
el horno
kalan
el freezer
priser
el tacho de basura
basurahan
el lavaplatos
dishwasher

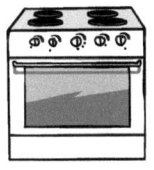

la cocina
lutuan

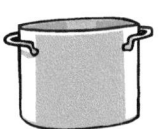

la olla
kaldero

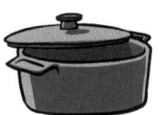

la olla de hierro fundido
kalderong bakal

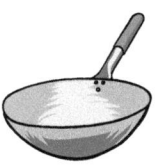

el wok
wok / kadai

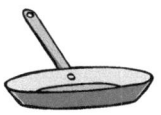

la sartén
kawali

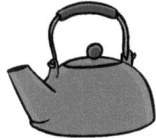

la pava
takore

la vaporera

pasingawan

la bandeja de horno

bandehado sa paghuhurno

la vajilla

babasagin

la taza

mug

el bol

mangkok

los palitos

sipit ng intsik

el cucharón

sandok

la espátula

spatula

la batidora

pampalis

el colador

pansala

el colador

salaan

el rallador

pangkayod

el mortero

almires

la parrilla

barbikyo

la fogata

siga

la tabla de picar

tadtaran

el palo de amasar

rodilyo

el sacacorchos

tribuson

la lata

lata

el abrelatas

pambukas ng lata

la manopla

panghawak ng kaldero

la pileta

lababo

el cepillo

bras

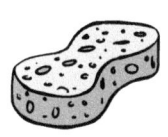

la esponja

espongha

la batidora

blender

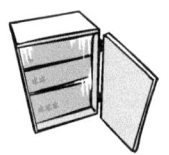

el congelador

malalim na freezer

la mamadera

bote ng sanggol

la canilla

gripo

el baño
palikuran

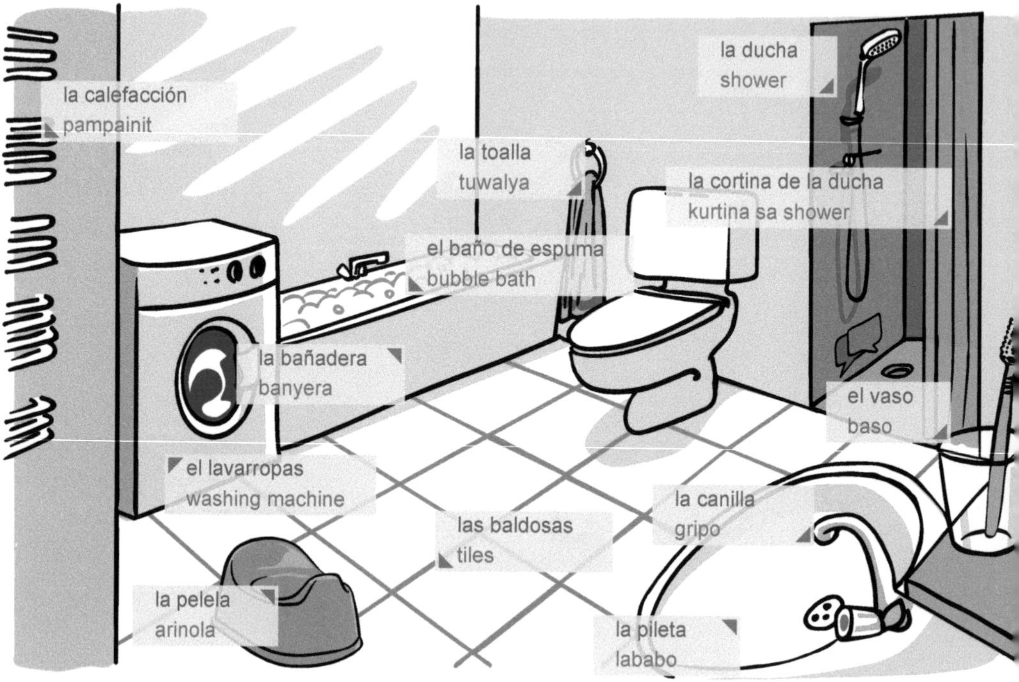

la ducha
shower
la calefacción
pampainit
la toalla
tuwalya
la cortina de la ducha
kurtina sa shower
el baño de espuma
bubble bath
la bañadera
banyera
el vaso
baso
el lavarropas
washing machine
la canilla
gripo
las baldosas
tiles
la pelela
arinola
la pileta
lababo

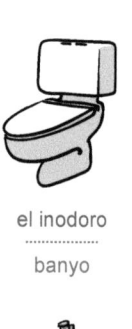

el inodoro
banyo

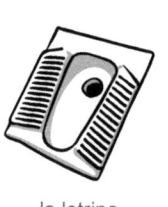

la letrina
squat toilet

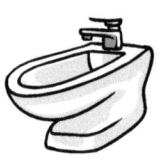

el bidé
bidet

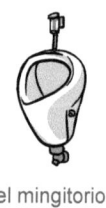

el mingitorio
ihian

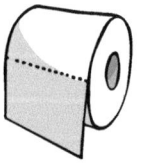

el papel higiénico
toilet paper

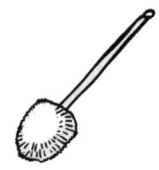

el cepillo para el inodoro
iskoba sa banyo

el cepillo de dientes

sipilyo

el dentífrico

tutpeyst

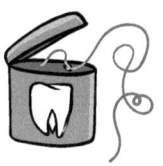

el hilo dental

dental floss

lavar

hugasan

la ducha de mano

shower na hinahawakan

la ducha higiénica

dutsa

la palangana

palanggana

el cepillo para la espalda

bras panlikod

el jabón

sabon

el gel de ducha

shower gel

el shampoo

shampoo

la toallita

pranela

el desagüe

paagusan

la crema

krema

el desodorante

deodorant

el espejo

salamin

el espejito

salaming hinahawakan

la maquinita de afeitar

pang-ahit

la espuma de afeitar

bulang pang-ahit

el aftershave

aftershave

el peine

suklay

el cepillo

brush

el secador de pelo

pantuyo ng buhok

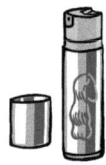

el spray

sprey sa buhok

el maquillaje

makeup

el lápiz de labios

lipistik

el esmalte para uñas

pampakintab ng kuko

el algodón

bulak na lana

la tijera para uñas

panggupit ng kuko

el perfume

pabango

el portacosméticos

washbag

la banqueta

stool

la balanza

timbangan

la bata

bata

los guantes de goma

gomang guwantes

el tampón

tampon

la toallita femenina

malinis na tuwalya

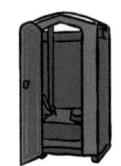

el baño químico

chemical toilet

el cuarto de los chicos

silid ng bata

el despertador
alarm clock
el peluche
nayayakap na laruan
el coche de juguete
laruang kotse
el sonajero
kuliling
la casa de muñecas
bahay ng manika
el regalo
regalo

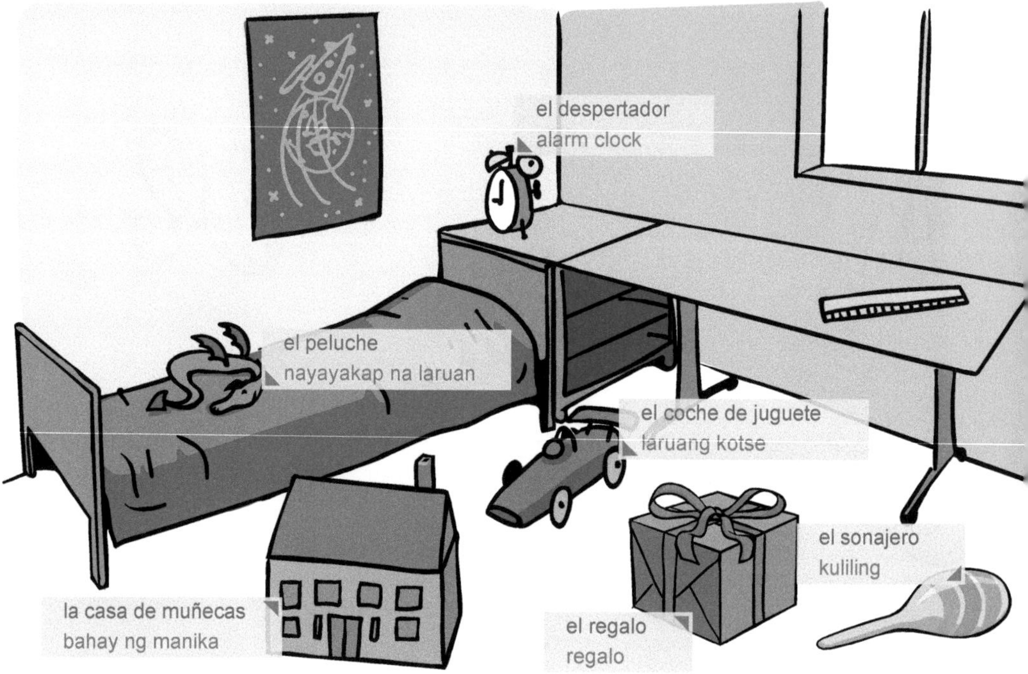

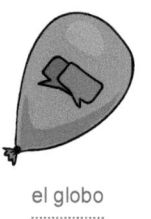

el globo
lobo

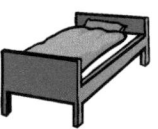

la cama
higaan

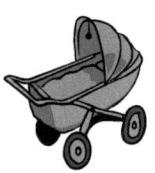

el cochecito
pram

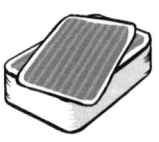

las cartas
hanay ng mga baraha

el rompecabezas
jigsaw

SUPER
MEGA

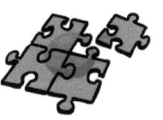

la historieta
komiks

las piezas de lego

lego bricks

los ladrillos de juguete

blokeng laruan

la figura de acción

action figure

el enterito (de bebé)

paglaki ng sanggol

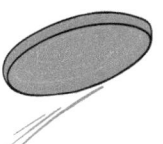

el frisbee

frisbee

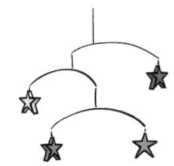

el móvil para bebés

mobile

el juego de mesa

board game

los dados

dice

el tren eléctrico

model train set

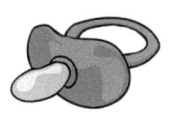

el chupete

manikin

la fiesta

salu-salo

el libro de cuentos ilustrado

aklat ng mga litrato

la pelota

bola

la muñeca

manika

jugar

maglaro

el arenero

tibagan ng buhangin

la hamaca

duyan

los juguetes

mga laruan

la consola de videojuegos

video game console

el triciclo

traysikel

el osito de peluche

teddy bear

el armario

aparador

las medias

medyas

las medias panty

stockings

las calzas

pampitis

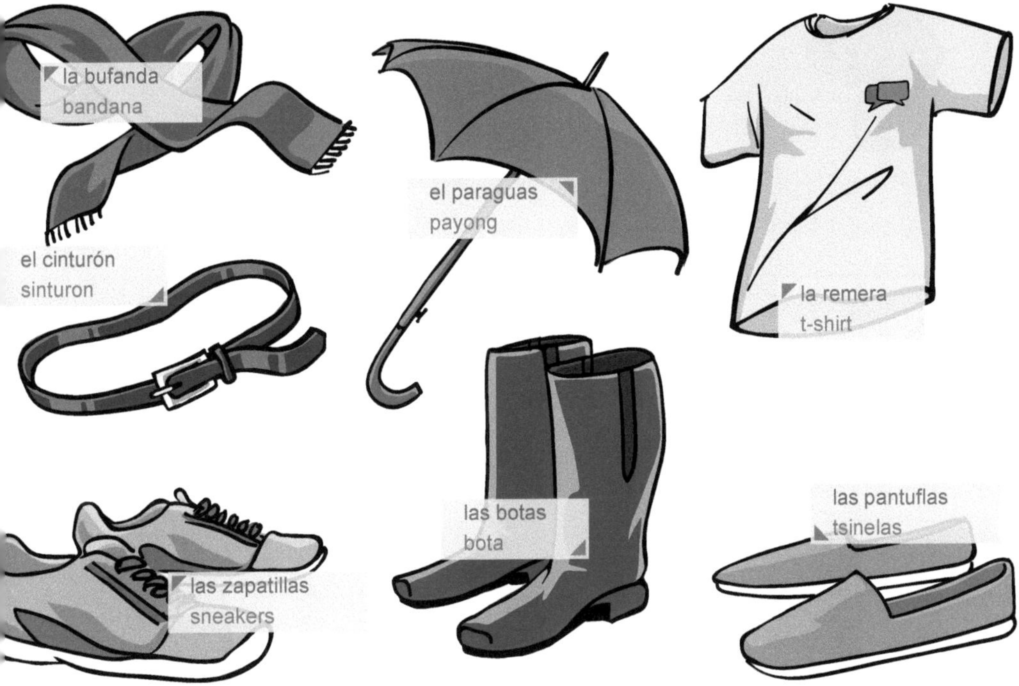

la bufanda
bandana

el cinturón
sinturon

el paraguas
payong

la remera
t-shirt

las zapatillas
sneakers

las botas
bota

las pantuflas
tsinelas

las sandalias
sandalyas

los zapatos
sapatos

las botas de goma
botang degoma

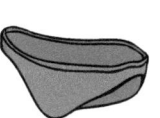
la ropa interior
salawal

el corpiño
bra

el chaleco
tsaleko

el body
katawan

los pantalones
pantalon

los jeans
jeans

la pollera
palda

la blusa
blusa

la camisa
kamiseta

el pulóver
pullover

el buzo
panlamig

el blazer
blazer

la campera
diyaket

el tapado
kapa

el piloto
kapote

el traje
kasuotan

el vestido
bistida

el vestido de novia
damit pangkasal

el traje
terno

el camisón
damit pantulog

el pijama
padyama

el sari
sari

el pañuelo para la cabeza
bandana sa ulo

el turbante
turban

la burka
burka

el caftán
kaftan

la abaya
abaya

el traje de baño
panlangoy

el short de baño
trunks

los shorts
salawal

el jogging
tracksuit

el delantal
apron

los guantes
guwantes

el botón

butones

los anteojos

salamin

la pulsera

pulseras

el collar

kuwintas

el anillo

singsing

el aro

hikaw

la gorra

takip

la percha

sabitan ng kapa

el sombrero

sombrero

la corbata

kurbata

el cierre

siper

el casco

helmet

los tiradores

tirante

el uniforme escolar

uniporme sa paaralan

el uniforme

uniporme

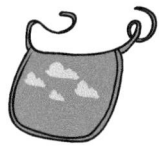

el babero

bibero

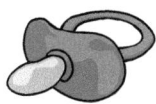

el chupete

manikin

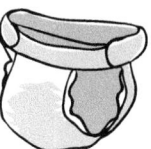

el pañal

lampin

la oficina
opisina

el servidor
server
el archivero
kabinet ng file
la impresora
printer
el papel
papel
el monitor
monitor
el mouse
mouse
el escritorio
mesa
la carpeta
polder
el teclado
keyboard
la silla
upuan
el tacho (de basura)
basurahan ng papel
la computadora
kompyuter

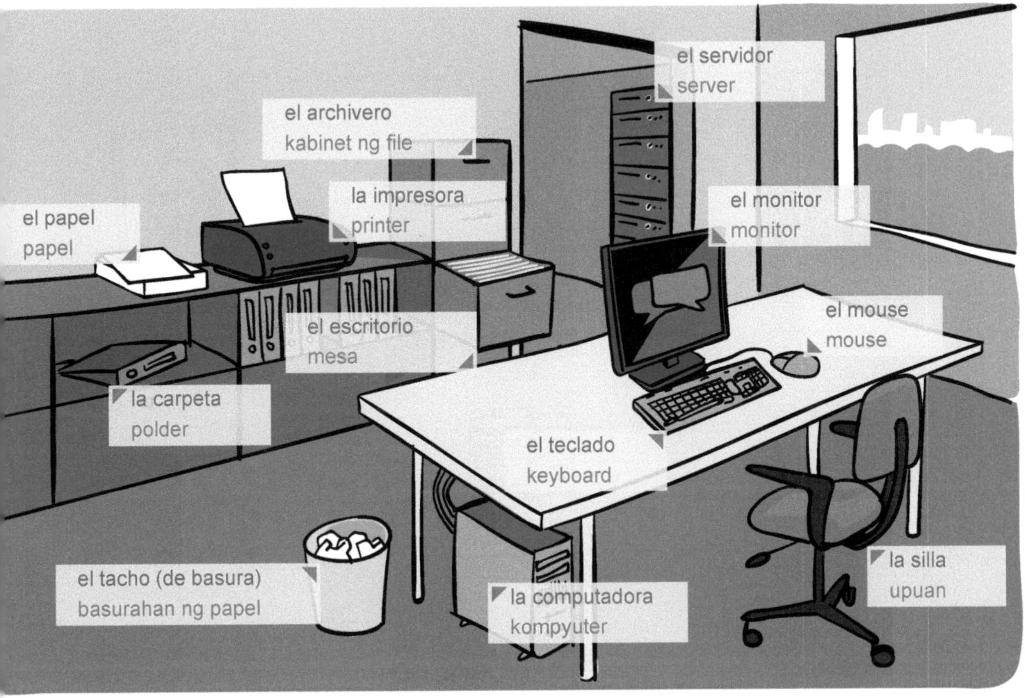

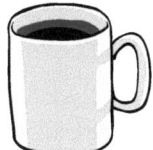

la taza de café

tasa ng kape

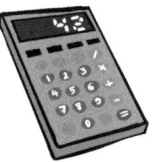

la calculadora

calculator

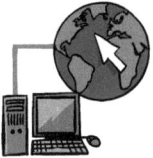

el internet

internet

la laptop

laptop

la carta

sulat

el mensaje

mensahe

el celular

mobile

la red

network

la fotocopiadora

photocopier

el software

software

el teléfono

telepono

el tomacorriente

saksakan

el fax

fax machine

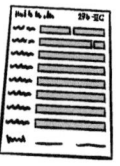

el formulario

anyo

el documento

dokumento

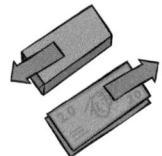

comprar
bumili

pagar
magbayad

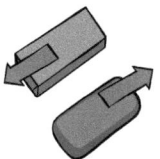

hacer negocios
ikalakal

el dinero
pera

el dólar
dolyar

el euro
euro

el yen
yen

el rublo
rublo

el franco suizo
swiss franc

el yuan
renminbi yuan

la rupia
rupee

el cajero automático
cash point

la casa de cambio

tanggapan ng palitan ng pera

el oro

ginto

la plata

tanso

el petróleo

langis

la energía

enerhiya

el precio

presyo

el contrato

kontrata

el impuesto

buwis

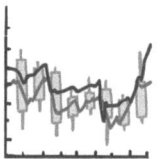

la acción

stock

trabajar

trabaho

el empleado

empleyado

el empleador

taga-empleyo

la fábrica

pabrika

el negocio

tindahan

las ocupaciones
mga trabaho

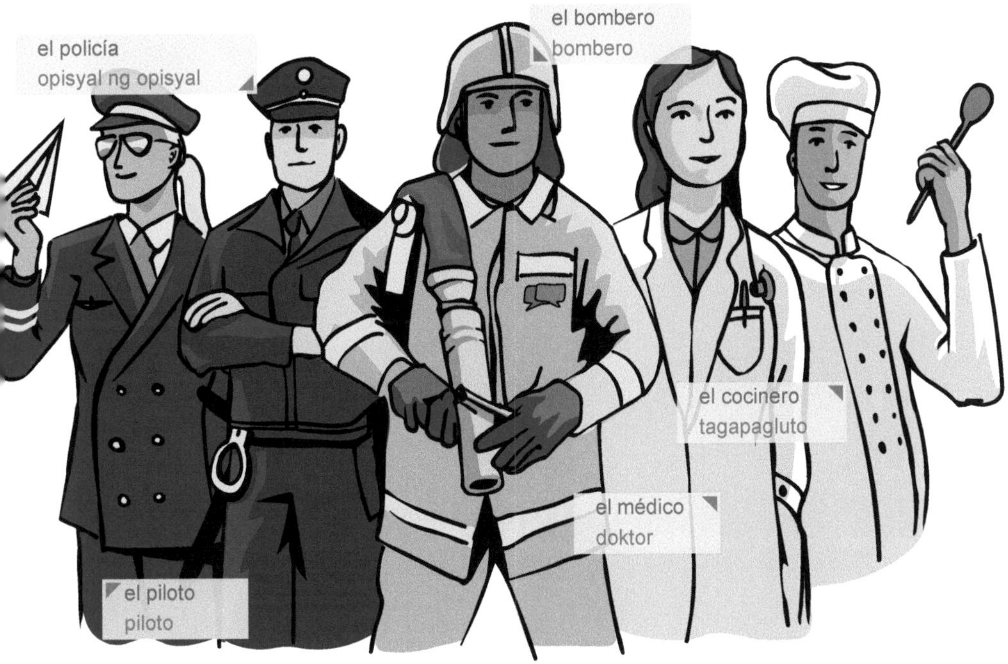

el policía
opisyal ng opisyal
el bombero
bombero
el cocinero
tagapagluto
el médico
doktor
el piloto
piloto

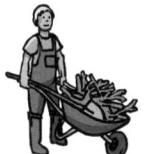

el jardinero

hardinero

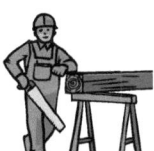

el carpintero

karpentero

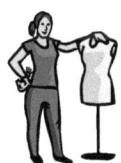

la modista

mananahi

el juez

hukom

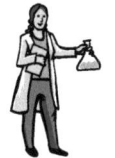

el farmacéutico

kemiko

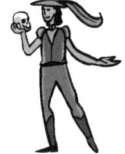

el actor

aktor

el colectivero

tsuper ng bus

el taxista

tsuper ng taxi

el pescador

mangingisda

la mucama

tagapaglinis

el techista

tagapagkabit ng bubong

el mozo

waiter

el cazador

mangangaso

el pintor

pintor

el panadero

panadero

el electricista

elektrisyan

el albañil

tagapagtayo

el ingeniero

inhinyero

el carnicero

magkakarne

el plomero

tubero

el cartero

kartero

el soldado

sundalo

el arquitecto

arkitekto

el cajero

kahera

el florista

magtitinda ng bulaklak

el peluquero

manggugupit

el cobrador

konduktor

el mecánico

mekaniko

el capitán

kapitan

el dentista

dentista

el científico

siyentipiko

el rabino

rabbi

el imán

imam

el monje

monghe

el sacerdote

klero

las herramientas
mga kagamitan

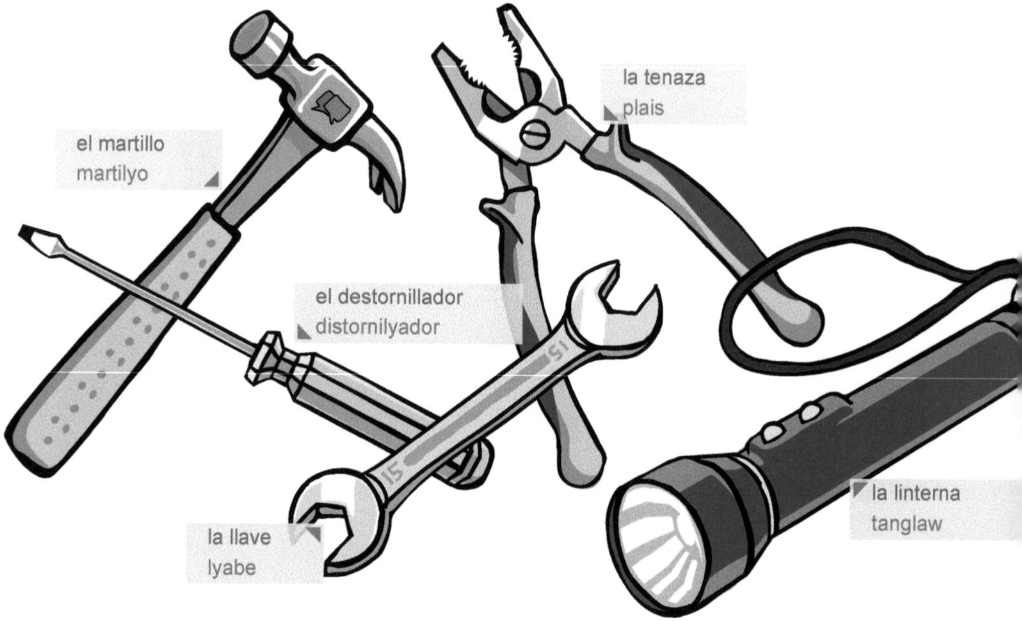

el martillo
martilyo
la tenaza
plais
el destornillador
distornilyador
la llave
lyabe
la linterna
tanglaw

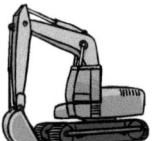

la excavadora

panghukay

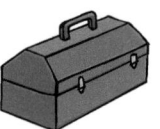

la caja de herramientas

toolbox

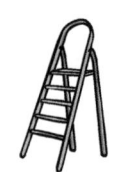

la escalera portátil

hagdan

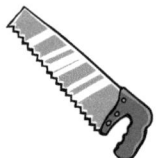

la sierra

lagari

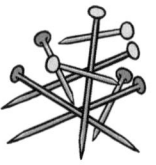

los clavos

mga pako

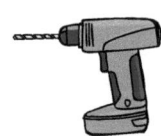

el taladro

pambutas

arreglar

kumpunihin

la pala de jardín

pala

¡Qué bronca!

Kainis!

la pala de plástico

pandakot

el tacho de pintura

palayok ng pintura

los tornillos

mga tornilyo

los instrumentos musicales
mga pangmusikang instrumento

el parlante
loud speaker

la batería
drumset

la guitarra
gitara

el contrabajo
double bass

la trompeta
trumpeta

el piano

piyano

el violín

biyolin

el bajo

bass

los timbales

timpani

el tambor

mga drum

el teclado

keyboard

el saxofón

saksopon

la flauta

plauta

el micrófono

mikropono

la entrada
pasukan

el tigre
tigre

la jaula
hawla

la cebra
sebra

el alimento para animales
pakain sa hayop

el oso panda
panda

los animales

mga hayop

el elefante

elepante

el canguro

kanggaro

el rinoceronte

rhino

el gorila

gorilya

el oso

oso

el camello

kamelyo

el avestruz

ostrich

el león

leon

el mono

unggoy

el flamenco

flamingo

el loro

loro

el oso polar

polar bear

el pingüino

penguin

el tiburón

pating

el pavo real

paboreal

la serpiente

ahas

el cocodrilo

buwaya

el cuidador del zoológico

tagapag-alaga ng zoo

la foca

seal

el jaguar

jaguar

el poni

buriko

el leopardo

leopardo

el hipopótamo

hipo

la jirafa

dyirap

el águila

agila

el jabalí

bulugan

el pescado

isda

la tortuga

pagong

la morsa

walrus

el zorro

soro

la gacela

gasel

el fútbol americano
Amerikanong putbol

el ciclismo
pamimisikleta

el tenis
tennis

el básquet
basketbol

la natación
paglalangoy

el hockey sobre hielo
ice-hockey

el boxeo
boksing

el fútbol

soccer

el bádminton

badminton

el atletismo

atletiks

el handball

handball

el esquí

skiing

el polo

polo

las actividades
mga aktibidad

reír
tumawa
saltar
tumalon
abrazar
yakapin
caminar
lumakad
cantar
kumanta
soñar
mangarap
rezar
magdasal
besar
halikan

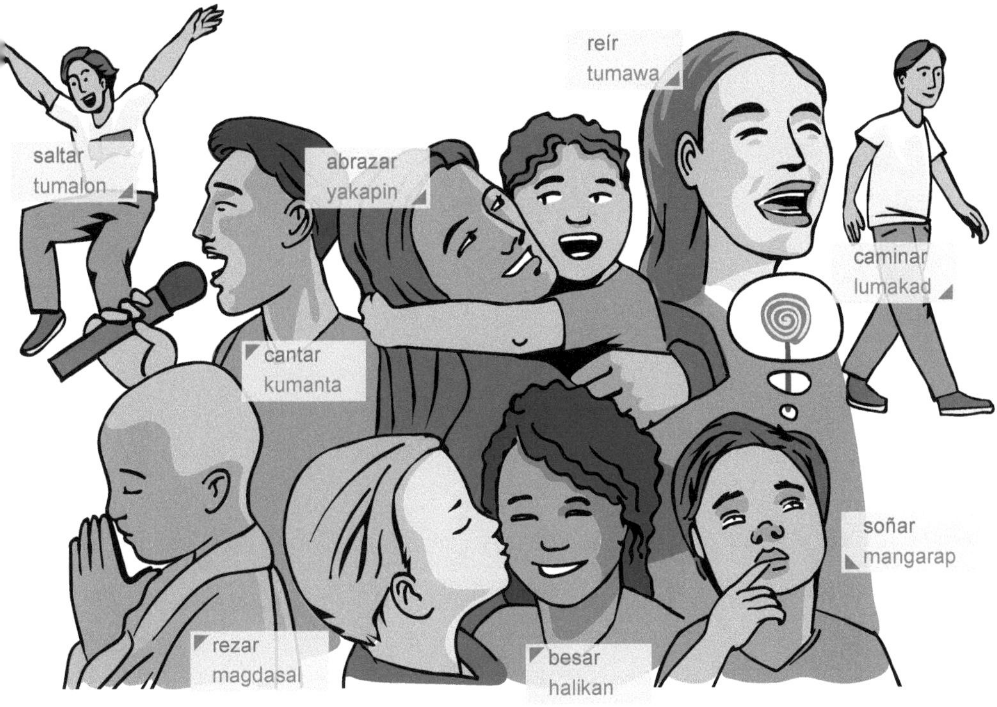

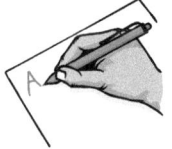

escribir

sumulat

dibujar

gumuhit

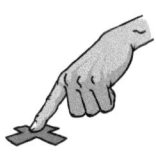

mostrar

ipakita

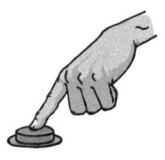

presionar

itulak

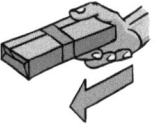

dar

magbigay

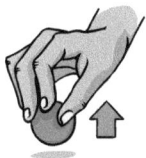

tomar

kunin

tener
....
magkaroon

hacer
....
gawin

ser
....
maging

estar parado
....
tumayo

correr
....
tumakbo

tirar
....
hilahin

tirar
....
itapon

caer
....
malaglag

estar acostado
....
mahiga

esperar
....
hintayin

llevar
....
dalhin

estar sentado
....
umupo

vestirse
....
magbihis

dormir
....
matulog

despertar
....
gumising

mirar

tumingin

llorar

umiyak

acariciar

estilo

peinar

magsuklay

hablar

magsalita

entender

intindihin

preguntar

magtanong

escuchar

makinig

beber

uminom

comer

kumain

ordenar

linisin

amar

mahal

cocinar

magluto

manejar

magmaneho

volar

lumipad

navegar
maglayag

calcular
kalkulahin

leer
basahin

aprender
matuto

trabajar
trabaho

casarse
pakasalan

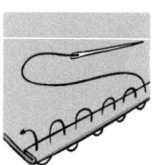

coser
tahiin

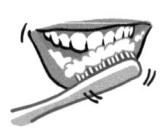

cepillarse los dientes
magsipilyo ng ngipin

matar
patayin

fumar
manigarilyo

enviar
magpadala

la abuela
lola

el abuelo
lolo

el padre
ama

la madre
ina

el bebé
sanggol

la hija
anak na babae

el hijo
anak na lalaki

el invitado

panauhin

la tía

tiya

el tío

tiyo

el hermano

kuya

la hermana

ate

el cuerpo
katawan

la frente
noo
el ojo
mata
el hombro
balikat
el dedo
daliri
la cara
mukha
la pera
baba
la mano
kamay
la pierna
binti
el pecho
suso
el brazo
bisig

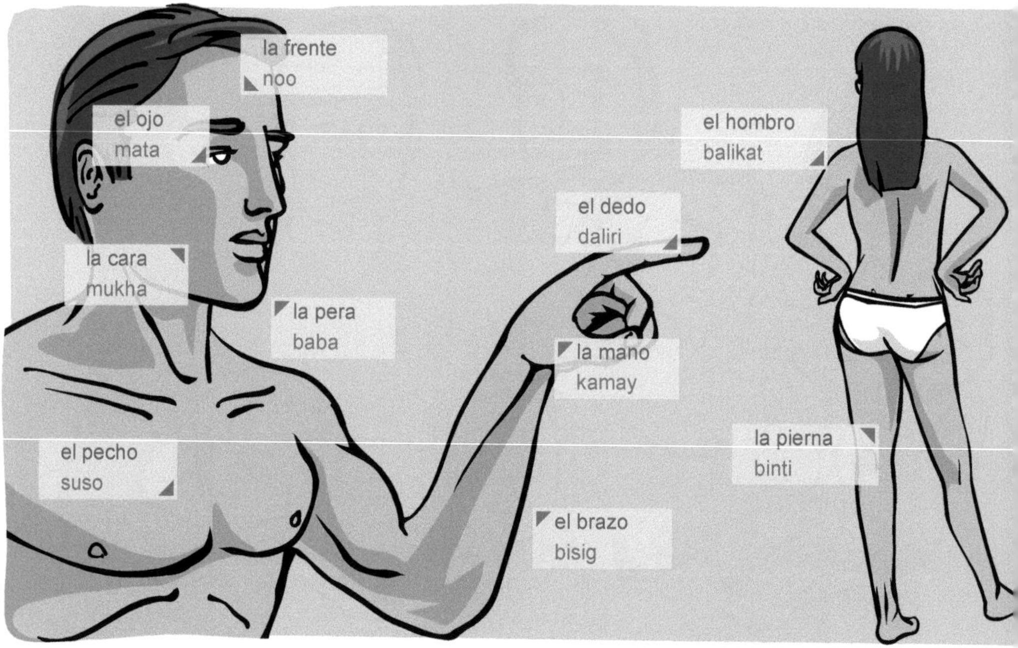

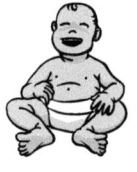

el bebé
sanggol

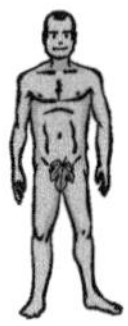

el hombre
lalaki

la mujer
babae

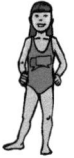

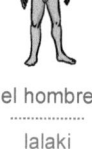

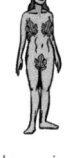

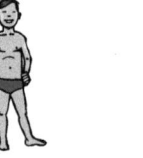

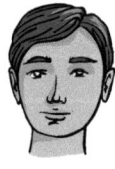

la nena
batang babae

el nene
batang lalaki

la cabeza
ulo

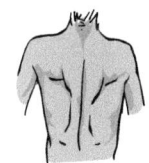

la espalda

likod

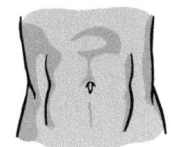

la panza

tiyan

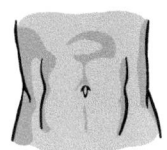

el ombligo

pusod

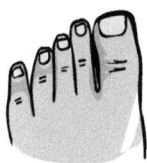

el dedo del pie

daliri ng paa

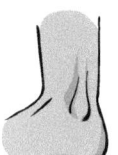

el talón

takong

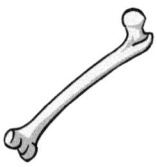

el hueso

buto

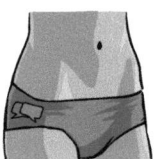

la cadera

balakang

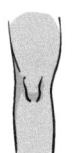

la rodilla

tuhod

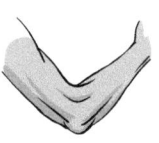

el codo

siko

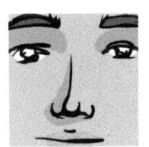

la nariz

ilong

la cola

gitna

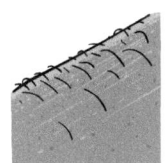

la piel

balat

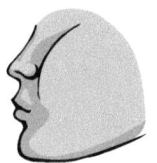

el cachete

pisngi

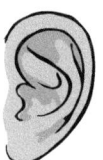

la oreja

tainga

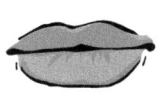

el labio

labi

la boca
bibig

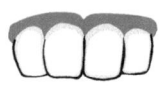

el diente
ngipin

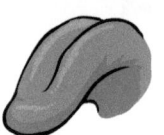

la lengua
dila

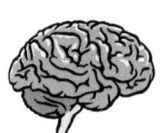

el cerebro
utak

el corazón
puso

el músculo
kalamnan

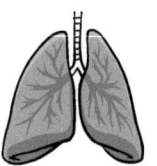

el pulmón
baga

el hígado
atay

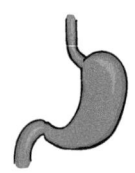

el estómago
sikmura

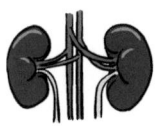

los riñones
mga bato

el sexo
pagtatalik

el preservativo
kondom

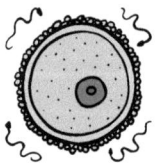

el óvulo
obyum

el semen
semen

el embarazo
pagbubuntis

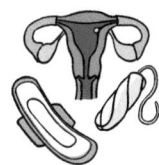

la menstruación

pagreregla

la vagina

vagina

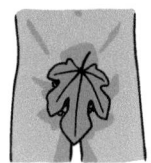

el pene

ari ng lalaki

la ceja

kilay

el pelo

buhok

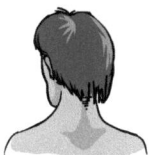

el cuello

leeg

el hospital
ospital

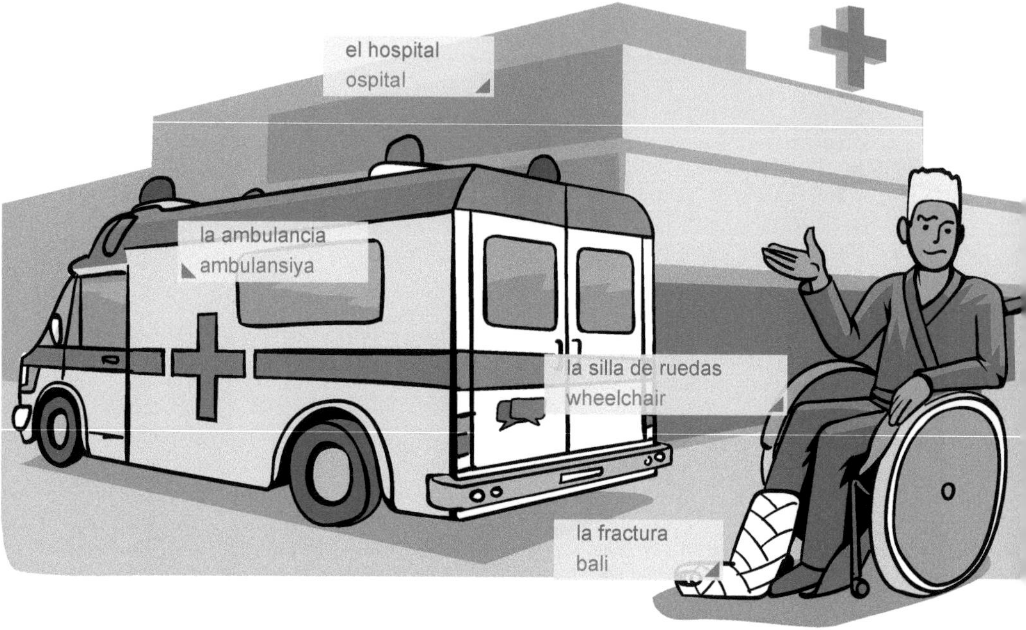

el hospital
ospital
la ambulancia
ambulansiya
la silla de ruedas
wheelchair
la fractura
bali

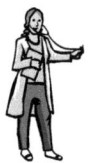

el médico

doktor

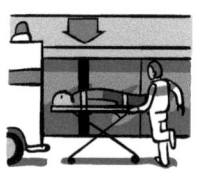

la sala de guardia

silid pang-emergency

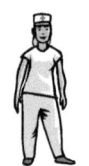

la enfermera

nars

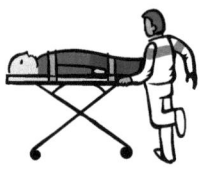

la emergencia

emerhensiya

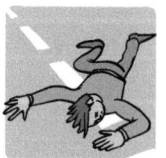

inconsciente

walang malay

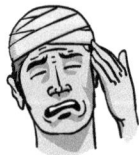

el dolor

pananakit

la lesión
pinsala

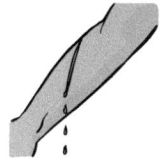

la hemorragia
nagdurugo

el infarto
atake sa puso

el ACV
atake serebral

la alergia
alerdye

la tos
ubo

la fiebre
lagnat

la gripe
trangkaso

la diarrea
pagdudumi

el dolor de cabeza
sakit ng ulo

el cáncer
kanser

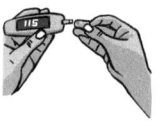

la diabetes
diyabetis

el cirujano
siruhano

el bisturí
iskalpel

la operación
operasyon

la TC

CT

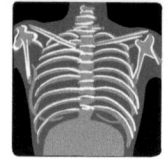

los rayos x

x-ray

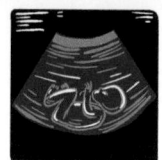

la ecografía

ultrasound

el barbijo

maskara sa mukha

la enfermedad

sakit

la sala de espera

silid-antayan

la muleta

saklay

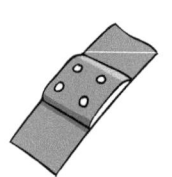

la curita

plaster

la venda

benda

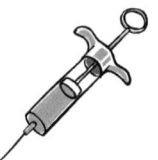

la inyección

iniksyon

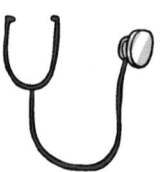

el estetoscopio

istetoskopyo

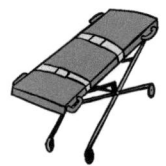

la camilla

estretser

el termómetro

klinikal na termometro

el nacimiento

pagsilang

el sobrepeso

labis sa timbang

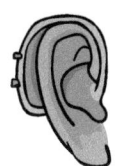

el audífono

hearing-aid

el desinfectante

pang-disimpekta

la infección

impeksyon

el virus

bayrus

el VIH / SIDA

HIV / AIDS

el remedio

medisina

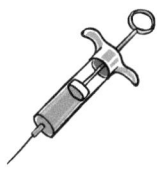

la vacunación

bakuna

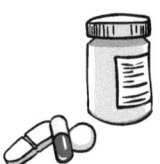

los comprimidos

mga tableta

la pastilla anticonceptiva

tabletas

a llamada de emergencia

emergency na tawag

el tensiómetro

pagmamatyag sa presyon
ng dugo

enfermo / sano

may sakit / malusog

¡Ayuda!

Tulong!

la alarma

alarma

la agresión

asulto

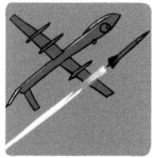

el ataque

atake

el peligro

panganib

la salida de emergencia

labasang pang-emergency

¡Fuego!

Sunog!

el matafuego

fire extinguisher

el accidente

aksidente

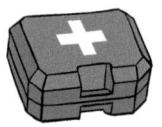

el botiquín de primeros
auxilios

kagamitan sa paunang
lunas

el SOS

SOS

la policía

pulis

Europa

Europa

América del Norte

Hilagang Amerika

América del Sur

Timog Amerika

África

Aprika

Asia

Asya

Australia

Australia

el Atlántico

Atlantika

el Pacífico

Pasipiko

el Océano Índico

Dagat Indiano

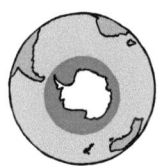

el Océano Antártico

Dagat Antarktika

el Océano Ártico

Dapat Arktika

el polo norte

Hilagang polo

el polo sur

Timog polo

la Antártida

Antartika

la Tierra

mundo

la tierra

lupa

el mar

dagat

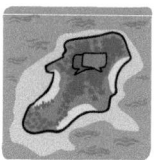

la isla

isla

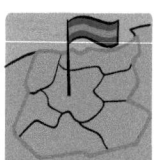

la nación

bansa

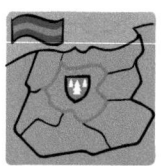

el estado

estado

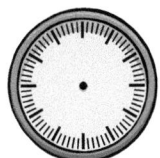

la esfera

mukha ng orasan

la manecilla de las horas

orasang kamay

el minutero

minutong kamay

el segundero

segundong kamay

¿Qué hora es?

Anong oras na?

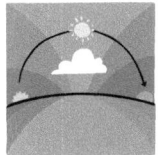

el día

araw

la hora

oras

ahora

ngayon

el reloj digital

digital na relo

el minuto

minuto

la hora

oras

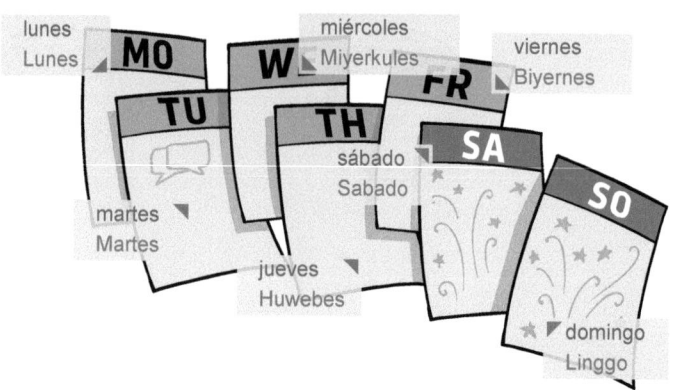

lunes
Lunes

miércoles
Miyerkules

viernes
Biyernes

martes
Martes

sábado
Sabado

jueves
Huwebes

domingo
Linggo

ayer

kahapon

hoy

ngayon

mañana

bukas

la mañana

umaga

el mediodía

tanghali

la tarde

gabi

los días hábiles

mga araw ng negosyo

el fin de semana

katapusan ng linggo

la lluvia
ulan

el arco iris
bahaghari

el viento
hangin

la nieve
niyebe

la primavera
tagsibol

el otoño
taglagas

el verano
tag-init

el invierno
taglamig

4.APRIL	11°	☀
5.APRIL	4°	☁
6.APRIL	13°	☁
7.APRIL	8°	☀
8.APRIL	10°	☀

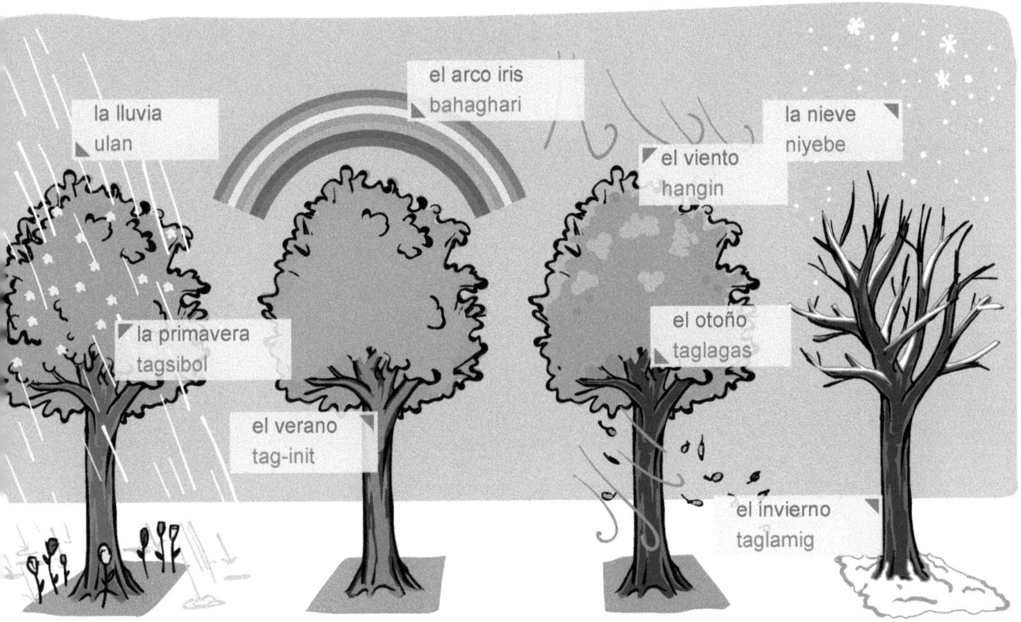

l pronóstico meteorológico

....

lagay ng panahon

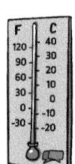

el termómetro

....

termometro

la luz del sol

....

sikat ng araw

la nube

....

ulap

la niebla

....

hamog

la humedad

....

kahalumigmigan

el rayo

kidlat

el trueno

kulog

la tormenta

bagyo

el granizo

may yelong ulan

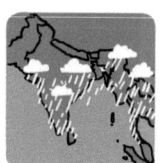

el monzón

tag-ulan

la inundación

pagkain

el hielo

yelo

enero

Enero

febrero

Pebrero

marzo

Marso

abril

Abril

mayo

Mayo

junio

Hunyo

julio

Hulyo

agosto

Agosto

el año - taon

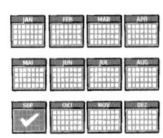

septiembre

Setyembre

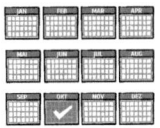

octubre

Oktubre

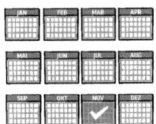

noviembre

Nobyembre

diciembre

Disyembre

las formas
mga hugis

el círculo

bilog

el cuadrado

parisukat

el rectángulo

rektanggulo

el triángulo

tatsulok

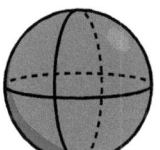

la esfera

pabilog

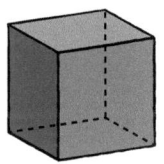

el cubo

kyub

colores

mga kulay

blanco

puti

amarillo

dilaw

naranja

kahel

rosa

rosas

rojo

pula

violeta

ube

azul

asul

verde

berde

marrón

brown

gris

grey

negro

itim

mucho / poco

marami / kakaunti

enojado / tranquilo

takot / kalmado

lindo / feo

maganda / pangit

el principio / el fin

simula / katapusan

grande / chico

malaki / maliit

claro / oscuro

matingkad / madilim

el hermano / la hermana

kuya / ate

limpio / sucio

malinis / madumi

completo / incompleto

kumpleto / kulang

el día / la noche

araw / gabi

muerto / vivo

patay / buhay

ancho / angosto

malawak / makipot

comestible / no comestible

·················

nakakain / hindi nakakain

malo / amable

·················

masama / mabuti

entusiasmado / aburrido

·················

nakakatuwa / nakakainip

gordo / flaco

·················

mataba / payat

primero / último

·················

una / huli

el amigo / el enemigo

·················

kaibigan / kaaway

lleno / vacío

·················

puno / walang laman

duro / blando

·················

matigas / malambot

pesado / liviano

·················

mabigat / magaan

el hambre / la sed

·················

gutom / uhaw

enfermo / sano

·················

may sakit / malusog

ilegal / legal

·················

ilegal / legal

inteligente / estúpido

·················

matalino / tanga

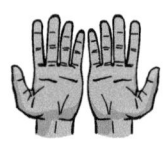

izquierda / derecha

·················

kaliwa / kanan

cerca / lejos

·················

malapit / malayo

nuevo / usado

bago /gamit na

nada / algo

wala /mayroon

viejo / joven

matanda / bata

encendido / apagado

naka-on / naka-off

abierto / cerrado

bukas / sarado

silencioso / ruidoso

tahimik / maingay

rico / pobre

mayaman / mahirap

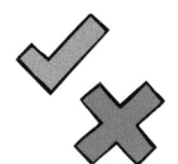

correcto / incorrecto

tama / mali

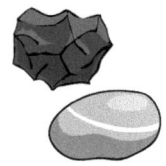

áspero / suave

magaspang / makinis

triste / contento

malungkot / masaya

corto / largo

maikli / mahaba

lento / rápido

mabagal / mabilis

mojado / seco

basa / tuyo

caliente / frío

maligamgam / malamig

guerra / paz

digmaan / kapayapaan

mga numero

0

cero

sero

1

uno

isa

2

dos

dalawa

3

tres

tatlo

4

cuatro

apat

5

cinco

lima

6

seis

anim

7

siete

pito

8

ocho

walo

9

nueve

siyam

10

diez

sampu

11

once

labing-isa

12

doce

labindalawa

13

trece

labintatlo

14

catorce

labing-apat

15

quince

labinlima

16

dieciséis

labing-anim

17

diecisiete

labimpito

18

dieciocho

labing-walo

19

diecinueve

labinsiyam

20

veinte

dalawampu

100

cien

daan

1.000

mil

libo

1.000.000

el millón

milyon

los idiomas

el inglés

Ingles

el inglés americano

Amerikan na Ingles

el chino mandarín

Tsinong Mandarin

el hindi

Hindi

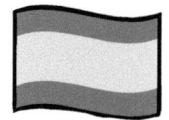

el español

Espanyol

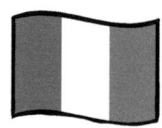

el francés

Pranses

el árabe

Arabe

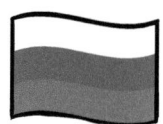

el ruso

Ruso

el portugués

Portuges

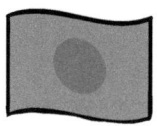

el bengalí

Bengali

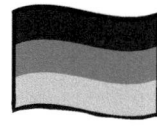

el alemán

Aleman

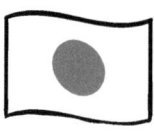

el japonés

Hapon

yo

ako

vos

ikaw

él / ella

siya / siya / ito

nosotros

kami

ustedes

ikaw

ellos

sila

¿quién?

sino?

¿qué?

ano?

¿cómo?

paano?

¿dónde?

saan?

¿cuándo?

kailangan?

el nombre

pangalan

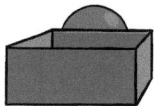

detrás

likuran

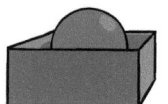

en

saan

adelante de

sa harap ng

por encima de

itaas

sobre

sa

debajo de

ilalim

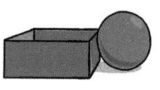

al lado de

katabi

entre

pagitan

el lugar

lugar